羊毛で作る

はじめての
可愛いドール

ウエノ ミホコ

河出書房新社

はじめに

羊の原毛とニードルで作る羊毛ドール。
羊毛で人形を作るのは地味でひたすら時間がかかり、なかなかたいへんです。でも、こつこつと作った人形は指の一本一本まで愛おしくなります。

本書では、人形をはじめて作る人も最後まで仕上げられるように簡単な工程で作れる方法を考えました。

このドールには太いワイヤーを入れているので、ポーズをいろいろ変えられます。首を少しかしげたり、手の仕草を変えたり、座らせたりとポーズを変えるとまた違った表情を楽しめます。

見本があっても羊毛ドールはなかなか同じにはできないので、羊毛の色や顔の造作など、本どおりでなくても大丈夫です。お好みの顔やスタイルにして自分だけの人形を楽しんでください。

この本がみなさんの羊毛ドールを作る入り口となり、そこからドール作りの楽しさを見つけていただければうれしく思います。

最後に人形作りを応援してくれる家族、人形制作の師である羊毛倉庫先生、いろいろ助けてくれたかまちゃん、そしてこの本の制作に関わるすべての方に感謝します。

ウエノミホコ

もくじ

花の妖精……4
人魚……6
あかずきんとオオカミ……8
読書の時間……10
冬の女の子……12
ぬいぐるみを抱いた女の子……14

ウエノミホコのドールコレクション
星の王子さまとキツネ……16
青い鳥と男の子……17
ウサギずきんの女の子……18
マフラーの二人……19
セーターを着たウサギ……20
チェロを弾く男の子……21

羊毛で作るドール　基本レッスン
ドール作りの材料と道具……24
基本レッスン1　ドールの作り方……26
基本レッスン2　擬人化どうぶつの作り方……40

アレンジレッスン1
ドールに使える材料いろいろ……44
アレンジレッスン2
髪型バリエーション……46
アレンジレッスン3
ドールの洋服作り……48
アレンジレッスン4
小物を手作りする……54

作品の作り方
作り方付き6作品の作り方……57〜

SPECIAL PAGE *Doll Collection*
13人の作家たちの
ドールと作り方のポイント……71〜

作り方…p.58

花の妖精

ふんわりとふくらませた
バルーンのワンピースに
青い羽根をつけたフェアリーガール。
春の花の妖精をイメージして
作りました。

作り方…p.60

人魚

しなやかなマーメイドのボディは、
ポージングを考えるのも楽しみ。
ウロコをひとつひとつ
刺しつけるのは大変ですが、
美しいグラデーションの
足ひれが自慢です。

作り方…p.62

あかずきんとオオカミ

おばあさんのお見舞いに向かう途中、
あかずきんが森でオオカミに出会う
シーンを作りました。
フェルケットのずきんが暖かそうです。

作り方…p.65

読書の時間

メガネの男の子とウサギの
仲よしコンビ。
「何を読んでいるの?」と
男の子の本を
ウサギがのぞいています。

作り方…p.68

冬の女の子

風も冷たい、寒い朝。
ロングブーツにミニワンピースの装いも
暖かいニット帽とマフラーがあれば
軽快に歩けます。

作り方…p.70

ぬいぐるみを抱いた女の子

少女なら誰でも大切な
ぬいぐるみのお友だちがいます。
ドールに持たせるぬいぐるみなので、
ボタン目の素朴なクマにしました。

ウエノミホコの
ドールコレクション

星の王子さまとキツネ

見る人の心にそっと寄り添ってくれる羊毛のお人形。
近くでいつも眺めていたい人気作品を集めました。

※16〜21ページに掲載の作品の作り方は紹介していません。

青い鳥と男の子

ウサギずきんの女の子

マフラーの二人

セーターを着たウサギ

チェロを弾く男の子

世界でたったひとつの
あなたのお人形、
羊毛で作ってみませんか？

Basic lesson
羊毛で作るドール
基本レッスン

ドールの作り方はどれも基本的には同じです。
ここでひと通りの手順とポイントを確認しましょう。
髪型や洋服、小物などオリジナルを作るときの参考になる
アレンジレッスンも活用してください。

ドール作りの材料と道具

14ページの女の子を作るための材料と道具を紹介します。

材料

a. ニードルわたわた：羊毛をわた状にしたもの。軽く刺すだけで形がまとまりやすい。本書では人形のベース作りに使用。

b. ワイヤー：ボディの芯材として使用。本書ではビニールコーティングされた「自遊自在」（日本化線）の3.2mmと2mmを使用。その他、園芸・盆栽用のアルミワイヤー（2.5mmと2mm）なども使える。

c. ソノモノ アルパカウール並太（61）：ボディベース用に使用。

d. 羊毛：目や口、ほおの色づけに使用。

e. エトフ(3)：髪の毛に使用。

f. 布：洋服に使用。ワンピースとパンツ用の2種類。

g. 板フェルトと刺しゅう糸：ブーツに使用。

h. 小物類：必要に応じて髪飾り用の花やリボンなどのあしらいを用意。

道具

フェルティングニードル：ニードルフェルト専用の針を使用。左から、ニードルホルダー極細（2本付き）、ニードル極細（1本タイプ）、ニードルレギュラー（1本タイプ）。

縫い針：洋服を作るときなどに。

ラジオペンチ：ワイヤーを曲げる、切るの2つの作業ができる。

ハサミ：布をカットするときに。

目打ち：首の穴あけ用に。

キリ：革の下処理など小物作りに。

羊毛とニードル(針)の扱い方

◆ニードルの扱い方◆

1 ニードルフェルトをするときは、針の折れ防止のために作業用マットの上で行なう。

2 針はまっすぐ刺し、まっすぐ抜くのが基本。球は、中心に向かって全体をくまなく刺す。

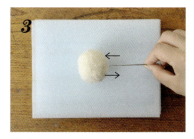

3 横を刺すときも、刺した向きに抜くこと。針をゆがませないよう注意して刺す。

◆羊毛の混ぜ方◆

1 混ぜたい羊毛を適量とり、重ねる。

2 「ちぎって重ねる」をくり返す。

3 ちょうどいい混ざりぐあいになったらOK。

水フェルトの方法

水フェルトは通常、羊毛をフェルト化する手法として使われますが、本書ではシート羊毛(フェルケット)をやや丈夫にするためのテクニックとして使っています。

1 トレイの中にフェルケットを置き、温かい石けん水をすべて浸す程度かける。

2 石けん水をムラなくなじませる。全体をやさしくなでる。

3 円を描くように表面をまんべんなくこする。裏面も同様に。

4 エアパッキンや巻きすなどで巻き込む。

5 **4**を転がして摩擦を加える。

6 フェルト化したら、表面をつまむ。表面と一緒に周りが持ち上がってくるようならOK。水洗いして乾かしてから使う。繊維がほぐれるようなら**3〜5**をくり返す。本書ではひと回り縮む程度のフェルト化でOK。

基本レッスン1
ドールの作り方
―ぬいぐるみを抱いた女の子（p.14）を作る―

形が作りやすいニードルわたわたで作ります。ニードルはレギュラータイプと極細タイプを使い分けましょう。ボディの芯にワイヤーを使っているので、好きなポーズをつけて楽しめます。

step 1
頭を作る
頭と顔のベースをニードルわたわたで作る。

step 2
顔を整える
目、鼻、口をニードルで刺しながら整える。

step 3
顔を仕上げる
チーク、化粧、髪の毛など頭部と顔の仕上げをする。

step 4
ボディを作る
ワイヤーを芯にして作る。手の作り方は簡易版の「基本の手」と「ワイヤー指」の2種類紹介。

step 5
洋服を作る
ワンピース、パンツ、ブーツの基本的な作り方を確認。本書では、おおまかにカットしたパーツを縫い合わせ、ボディに着せてサイズを調整しながら作る手軽な方法を紹介。ウール素材ならニードルで刺しつけられるためフィットさせやすい。

全長：*18cm*

step 1 頭を作る

目鼻立ちをきれいに整えるためにも、頭はしっかりと刺し固めておきます。
ここでは目、鼻、口のベース作りまで行ないます。

1-1 頭のベースを作る

1 ニードルわたわた7〜8gを丸める。このとき、きつく巻きつけるようにする。巻き終わりを刺しつけて固定する。

2 【レギュラー】丸くなるようイメージしながら、ざくざくと刺し固める。

3 【極細(2本)】針を細いものに変え、球の形に刺し固める。

4 直径4.5cmほどになったところ。
POINT 針音が「ざくざく」から「さくさく」と音が小さくなるとしっかり固まってきたサイン。

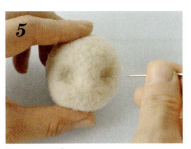

5 【極細(1本)】目のくぼみをつける。だいたいの目の位置をイメージしながらくぼませる。

6 くぼみをつけたところ。これからまだ調整するので、だいたいの位置決めでOK。

直径1cm

7 【極細(1本)】鼻のラインを刺しつける。鼻の高さを出すようにする。

8 鼻のベースができたところ。

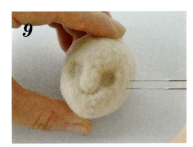

9 【極細(2本)】あごを細くする。顔の側面を刺して顔を立体的に整える。

POINT
あごのライン、側頭部を手でギュッと押さえて形を整えながら刺すとよい。

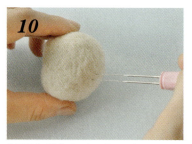

10
【極細(2本)】後頭部も自然な丸みになるよう整える。

check!!
【後頭部のライン見本】

作業前　作業後

ゼッペキにならないよう頭頂部から丸みをつけた後頭部に。

11　5.5cm　4cm
【極細(1本)】輪郭を整えたところ。

POINT　鼻下が刺し固まっていないと、口を作るときにへこんでしまうので、ここでしっかり刺し固めておく。

12
【極細(1本)】さらに、ほおや鼻、輪郭を刺して整える。

POINT
あごやほお部分を少しふっくらさせたい場合は、ニードルわたわたを足す。

check!!

輪郭を整えてから(工程**11**)、さらに細かく調整する際(工程**12**)のポイントは「角を取ること」と「余分なところを削ること」。角ばったところや余分なふくらみをニードルで刺しつけてなめらかにしたり、へこませたりします。

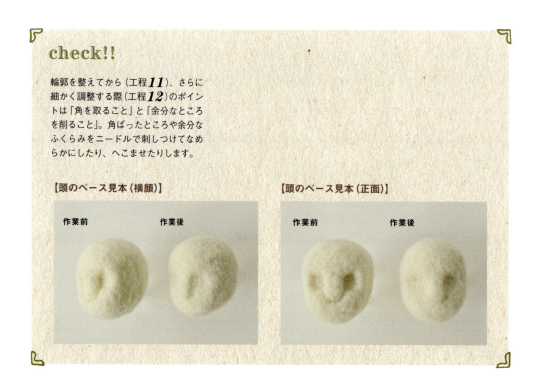

【頭のベース見本(横顔)】　　【頭のベース見本(正面)】

作業前　作業後　　　　　作業前　作業後

28

1-2 目と口を作る

13 【極細(1本)】目の仮づけをする。白の羊毛(801)を微量つまみ取り、目のくぼみに軽く刺しつける。白は目の色の発色をよくし、にじみ止めの意味がある。

14 【極細(1本)】口の仮づけをする。ピンクの羊毛(47)を微量つまみ取り、細くよってライン状に軽く刺しつける。

check!! 【目と口のバランスを確認】
仮づけしたところ。バランスが気に入らなければ、羊毛を取ってやり直す。

15 【レギュラー▶極細(1本)】白を入れた場所を刺し、へこませる。最初は目の縁から刺し固める。

16 直径2mmほどに丸くへこませたところ。

POINT 白の羊毛を入れてから目の色を刺したもの(左)と、白を入れずに目の色を刺したもの(右)。白を入れておくと、目の周りがにじまず、きれいな仕上がりに。

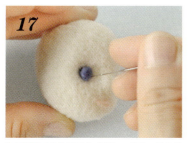

17 【極細(1本)】目の色を刺しつける。目の縁をていねいに刺し固めてから、内側を刺す。内側は細かくざくざくと刺す。

18 違う色の羊毛を少量重ねて刺しつける。いくつか色を足すと深みのある色の目になる。ここでは青系の羊毛を2種類使用。

19 【極細(1本)】口のラインを定着させるように刺しつける。

POINT 深く刺し固めると口元がへこみ、おばあさんのように見えるので、そっと軽く刺すこと。

step 2 顔を整える

仕上がりのイメージに近づくよう微調整を重ねていきます。ここでは調整するとよい箇所を紹介しますが、気になるところは刺しながら整えましょう。

2-1 輪郭・形を整える

【極細（1本）】盛り上がりのある部分をなだらかに整える。おでこを調整しているところ。

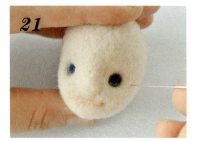

【極細（1本）】目の横を少し押さえるように刺すと、輪郭が立体的になる。

【極細（1本）】あごやあごのラインを調整しているところ。

2-2 目を整える

【極細（1本）】目の形を整える。輪郭の調整中に目のくぼみが浮いてくるので、つねに1mmぐらい低くなっているようにする。

POINT

目を寄せたければ、目頭を顔の中心へ刺して微調整する。離したい場合は逆方向へ刺す。

たれ目気味にする場合は目の外縁を下向きに刺す。

2-3 鼻を整える

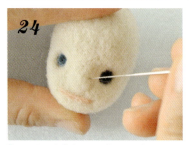

【極細（1本）】鼻すじを整える。高さが出るように刺す。

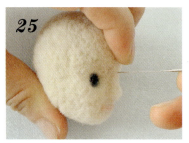

【極細（1本）】鼻の上〜眉間を刺し、低くする。おでこを指で押さえながら刺すとよい。

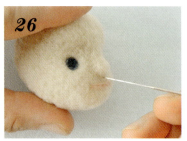

【極細（1本）】鼻の下を刺して、鼻を立体的に整える。

2-4 口を整える

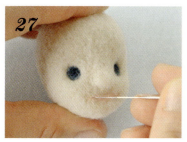

27

【極細（1本）】口のラインを押さえるように、2〜3往復刺す。

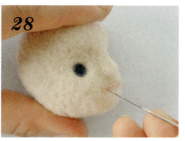

28

【極細（1本）】ニードルの角度を下から30°にして、口のラインを2〜3往復刺す。

POINT ニードルを垂直に刺していると、口がくぼんで歯のないおばあさんのような表情になりやすい。

29

【極細（1本）】口ができたところ。

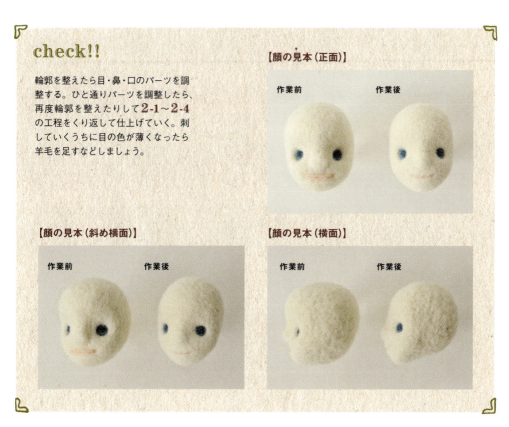

check!!

輪郭を整えたら目・鼻・口のパーツを調整する。ひと通りパーツを調整したら、再度輪郭を整えたりして2-1〜2-4の工程をくり返して仕上げていく。刺していくうちに目の色が薄くなったら羊毛を足すなどしましょう。

【顔の見本（正面）】

【顔の見本（斜め横面）】

【顔の見本（横面）】

step 3　顔を仕上げる

チークを入れたり、髪の毛をつけたりしましょう。耳はお好みで。
ロングヘアなどヘアスタイルによっては必要ない場合もあります。

3-1　チークをつける

30
【極細（1本）】ピンク系の羊毛を2〜3色混ぜ、ほおに仮置きして浅く刺しつける。

31
指でなでつけ、ぼかすようにする。

32
毛羽立ちをハサミでカットする。

3-2　耳をつける

33
ニードルわたわたを少量つまみ取り、指で軽くまとめる。

34
【極細（1本）】頭に刺しつける。

35
耳をつけたところ。

3-3　化粧をする（好みに応じて）

36
【極細（1本）】目を強調したいときは、黒の羊毛（9）、もしくは毛糸をほどいたものをよって細くまとめ、目の上のキワにアイラインを入れる。

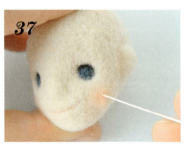
37
【極細（1本）】チークをしっかり入れたいときは、発色のよいピンク系の羊毛（2など）をチークの中心に小さく刺し重ねる。

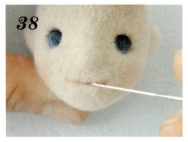
38
【極細（1本）】口紅を入れるときは、下唇の中央にピンク系の羊毛を刺し重ねる。

3-4 肌を仕上げる

POINT

下唇の下(下あご)を刺すと、唇がぷっくりとした印象に。また、化粧をする工程で全体に肌色の羊毛を刺しつけると健康的な雰囲気になる。

【極細(1本)】 刺し跡が目立つところは、周囲を浅く刺して穴をつぶすようにする。

POINT いろんな角度から見て、穴を探すようにする。

【極細(1本)】 肌をなめらかに仕上げるには、ニードルを垂直に刺すのではなく、30°の角度で刺すのがポイント。

3-5 髪をつける

【極細(1本)】 毛糸を適当な長さにカットし、3～4つ折りにして頭頂部に刺しつける。

【極細(1本)】 右側、左側と交互に毛糸を刺しつける。頭全体が隠れる程度刺しつける。

毛糸を刺しつけたら、好きな長さにカットする。ここでは毛先を折り込んでふんわりとしたボブにするため、少し長めにカットする。

指を入れて毛先をふんわりとカールさせ、頭に刺しつける。

【極細(1本)】 毛先(折った部分)を刺しつけているところ。

【極細(1本)】 前髪用の毛糸を適当な長さにカットし、頭に刺しつける。髪のボリュームを押さえるようにニードルを刺して整える。

step 4 ボディを作る

ワイヤーと太めの毛糸、ニードルわたわたでボディを作ります。
ワイヤーは少し長めに用意し、顔とのバランスを見ながら調整してください。

4-1 ボディのベースを作る

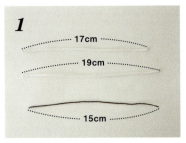

1 腕用のワイヤー（2mm）1本、ボディ用のワイヤー（3.2mm）2本用意する。

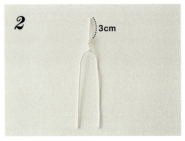

2 長いワイヤーの先端から3cm残し、短いワイヤーを数回巻きつけてねじる。

3 腕用のワイヤーの真ん中を**2**のワイヤーに1回巻きつける。

4 頭の下に目打ちで穴をあけ、ワイヤーに刺してバランスを確認する。右写真のように頭とねじった部分が1:1になるのが目安。

5 ニードルわたわたを15cm×7cmほど巻きつける。

6 ソノモノ アルパカウール並太をきつめに巻く。縦に2周ほど巻いたら、横にぐるぐると巻く。

> **POINT** 毛糸を巻くことで、ニードルわたわたを刺しつける手間が省け、かたく詰まった芯ができる。

7 腕にも巻きつける。先端は3cmぐらい残して1往復巻いたら、もうひとつの腕にも同様に巻く。

> **POINT** 毛糸を巻くことで、あとからニードルわたわたで肉づけしやすくなる。

8 足にも巻きつける。腕と同様に先端は3cmくらい残す。

9 足を巻いた毛糸を胴に巻き、ニードルで刺してとめる。

4-2 ボディに肉づけする

10
【レギュラー】ニードルわたわたを胴体に足し、刺し固める。

11
【レギュラー】頭をつけてバランスを確認しながら、刺すようにする。

12
【レギュラー】肩にもニードルわたわたを足し、刺し固める。

4-3 腕を作る

13
腕の長さを決める。長すぎるようならカットし、太ももあたりにくるように調整して先端を少し曲げておく。

14
ニードルわたわたを腕に巻きつける。

15
【極細(1本)】ニードルわたわたを刺し固めて腕を作る。このとき、手の先まで作るイメージで。

16
ニードルわたわたを指でたくし上げるようにし、手の部分になるワイヤー(約1.5cm)をカットする。

17
【極細(1本)】たくし上げたニードルわたわたを下ろし、手の部分を薄く刺し固める。

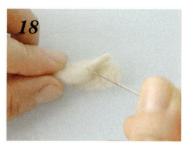
18
【極細(1本)】ニードルわたわたで親指を作り、手に刺しつける。「ミトン手」のできあがり。ここまででもOK。ボリュームを押さえるようにニードルで刺して整える。

35

19 【極細(1本)】4本の指を分けるように3本ラインを入れる。

20 【極細(1本)】指先にハサミで切り込みを入れ、さらに刺して指の形に整える。

21 5本指の手のできあがり。

Level-upテク　手に表情がでる繊細なワイヤー指の作り方

1 ステンレスワイヤー(0.28mm)を5cm×5本用意し、ソノモノ合太(1)の毛糸のよりをほぐし、15cm×5本用意する。

2 ワイヤーに毛糸を巻きつける。先端を少し残して1往復半程度巻く。

3 ペンチで先端を曲げ、毛糸を固定する。

4 好みの太さになるまで巻く。5本分作る。

POINT このとき、肌色の羊毛を足して巻きつけると色にニュアンスが出るのでおすすめ。

5 【極細(1本)】4本をねじり合わせ、指の間にすき間を作ってからニードルわたわたを巻きつけ手のひら部分を作る。

6 親指分の1本を足す。ワイヤーでねじり合わせてからニードルわたわたを足して刺しつける。

7 ニードルわたわたを刺しつけているところ。

8 手ができたところ。

9 ニードルわたわたを巻く前の腕に合わせ、余分なワイヤーをカットする。

10 手の余ったワイヤーを腕のワイヤーに巻きつけて固定する。

11 ニードルわたわたを腕に巻きつけ、刺し固める。

4-4 足を作る

22 足の長さを決める。長いようならカットし、先をペンチで曲げる。

23 ニードルわたわたを巻きつける。

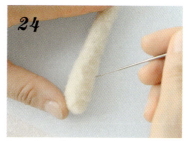

24 【極細(1本)】好みの太さになるまで刺し固める。

25 かかとの部分を曲げ、足先を作る。2〜2.5cmを目安に曲げる。

26 【極細(1本)】つま先部分にニードルわたわたを足し、刺し固める。

27 【極細(1本)】かかと部分にもニードルわたわたを足し、刺し固める。

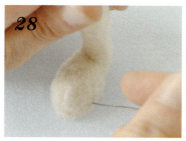

28 【極細(1本)】足を立たせた状態で上からニードルを刺すと、足裏が平らに仕上がる。

POINT
平らに整った足裏。

POINT 自立させるには、ひざを少し曲げるなどして重心を調整するとよい。足を前傾気味にするなど少しずつ曲げて微調整すること。座るポーズをさせるとき、後ろに倒れるようならおしりにニードルわたわたを追加して刺し固める。洋服を着せたり、小物を持たせたりするとバランスが変わるので、そのつど調整する。

step 5 　洋服を作る

型紙はだいたいのパターンをフリーハンドで作り、ドールに合わせてサイズを調整しながら作ります。48ページからのアレンジレッスン3も参考に。

5-1　ワンピースを作る

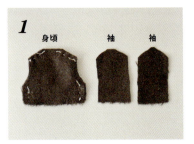

1
ワンピースの身頃のパーツ2枚を中表にし、肩と脇を縫う。袖は切りっぱなしでOK。
※わかりやすいように目立つ色の糸で縫っています。

2
身頃を表に返し、人形に着せる。洋服を作る作業中は頭を外しておく。完成時に頭部を付け、ぐらつくようならボンドで固定してもよい。

3
袖を腕に巻き、袖口を内側に5mmほど折ってかがり縫いをする。

4
袖ぐりのところは身頃に重ねて縫いつける。あとでニードルで刺して服をなじませるので、少々ゆがんでいても大丈夫。

5
スカートのパーツ2枚を中表にし、脇を縫う。

6
スカートを表に返す。ウエスト部分を5〜7mmほど内側に折り、ぐし縫いをして絞りギャザーを寄せる。

7
人形に着せ、ぐし縫いした糸を引っぱってギャザーを整える。

8
スカートを身頃に縫いつける。

9
バランスを見てスカートのすそを上げ、並縫い、またはまつり縫いをして処理する。

5-2 パンツ、靴を作る

10 パンツのパーツ2枚を中表にし、脇と股部分を縫う。

11 表に返して人形にはかせ、パンツのすそを内側に折り、ぐし縫いをして絞る。ウエストも同様にして絞る。

12 ブーツのパーツを用意する。人形の足に合わせて①〜④のパーツを2セット用意する。少し大きめに用意し、足に合わせながら調整する。

13 ①と②を合わせ、つま先部分をかがり縫いする。

14 ③をブーツに合わせフィットするようハサミでカットしたら、ボンドをつけて貼る。

15 麻糸の両端に針をそれぞれ通し、つま先から上へ向かって中央で交差するように縫っていく。最後はリボン結びをし、余りを切る。

16 ④を足の底にボンドで貼る。

17 はみ出た部分をハサミでカットする。

18 もう1セット同様にブーツを作る。自立できるようバランスを調整してできあがり。

◆ 基本レッスン2 ◆
擬人化どうぶつの作り方
―読書の時間（p.10）のウサギを作る―

二本足で立つ擬人化したどうぶつのドールです。基本的な作り方は同じですが、顔の作り方や色のつけ方をここで確認しましょう。

step 1
頭を作る
耳はフェルケットを水フェルト加工したものを使用。

step 1
頭を作る
頭の形、鼻周り、目など基本の女の子と違うところを確認。

◆ 基本レッスン1 ◆
step 4-1, 2
ボディを作る
ボディの作り方を参照し、さらにグレーの羊毛（805）を刺しつける。

◆ 基本レッスン1 ◆
step 4-3
腕を作る
腕の作り方を参照し、「基本の手」の途中までで仕上がる「ミトン手」にする。

◆ 基本レッスン1 ◆
step 4-4
足を作る
足の作り方を参照し、色の羊毛を刺しつける。

全長：*16.5cm*

step 1 頭を作る

頭のベースは卵形をイメージして作ります。人間のドールに比べ、どうぶつのほうがデフォルメされているので作りやすいかもしれません。

1-1 顔を作る

1 【レギュラーと極細（2本）】ニードルわたわた5〜6gで卵形に刺し固める。

2 【極細（1本）】茶色の羊毛（41）で鼻を刺しつける。

3 【極細（1本）】同様に口も刺しつける。

4 鼻周りを刺しつけたところ。

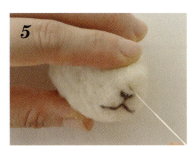

5 【極細（1本）】ニードルわたわたを鼻の上に足し、盛り上がるように刺し固める。

6 鼻の上を盛り上がるように刺したところ。

7 【極細（1本）】グレーの羊毛（805）を鼻周り以外に刺しつける。

8 【極細（1本）】少量ずつスペースを埋めるように刺しつけていく。

9 【極細（1本）】目を作る。基本レッスン1と同様に、くぼみをつけ、白の羊毛を刺しつけてから目の色の羊毛を刺す（p.29参照）。

1-2 耳をつける

10 【極細(1本)】目の周りに太めのアイラインを入れるように白の羊毛で丸く刺しつける。

11 顔のベースができたところ。さらに輪郭や目鼻のパーツを整えていく。

12 グレーと白のフェルケットを水フェルト加工してから(p.25参照)、耳の形にカットする。

13 【極細(1本)】グレーの耳に白の内耳を刺しつける。

14 【極細(1本)】黒の羊毛(9)を耳の外側、上のほうに軽めに刺しつける。

15 【極細(1本)】内耳の先端にも同様に黒の羊毛を刺しつける。

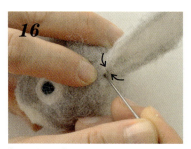

16 【極細(1本)】内耳を外側に向け、下のほうを少しつまんで頭に刺しつける。

17 【極細(1本)】ほおにピンクの羊毛(36)を薄く刺しつける。

18 顔のできあがり。

step 2 ボディを作る

基本レッスン1と同様に作ります。足の長さなどバランスはお好みで。
革ブーツの作り方もここで確認しましょう。

2-1 ボディ、腕、足を作る

▶ボディ 基本レッスン1の作り方 *step 4*（p.34〜参照）と同様に作る。ワイヤーでボディのベースを作り、毛糸とニードルわたわたで肉づけする。肉づけできたら、グレーの羊毛（805）を全体に刺しつける。

▶腕 手は「ミトン手（p.35参照）」にする。

▶足 足は基本レッスン1の作り方と同様に作る（p.37参照）。ズボンやブーツなどで隠れるときは、羊毛を刺しつけずにボディと似た色の毛糸を巻いて刺しつけたほうが作業がラク。

2-2 革ブーツを作る

1 革をブーツの形にカットし（p.50参照）、足に沿わせて手縫い糸（もしくは革用の糸）で縫う。

2 裏から表へ針を出すように交互に縫う。

3 黒の板フェルトを足裏の形に合わせてカットし、ボンドで貼る。すき間があくようなら縫い合わせる。

◆ アレンジレッスン 1 ◆
ドールに使える材料いろいろ

ドールの制作に使いやすい材料をここで紹介します。
特徴を確認して、イメージに合ったものを選ぶようにしましょう。

毛糸

◆ボディ用

ワイヤーで作るボディ芯や繊細な5本指を作る際のワイヤー芯に巻いて使う。肌色に近いアイボリー系の糸を使用。並太の毛糸はボディ芯用、合太の毛糸は指用（ただし、よりをほどき1本どりで使用）。
左：ソノモノ アルパカウール並太、右：ソノモノ　合太

◆髪の毛用

髪の毛は毛糸を使用する。イメージに合わせて風合いや色、太さなどを選ぶとよい。詳しくは アレンジレッスン2　髪型バリエーション（p.46）参照。

布

伸縮性があり、ニットの風合いがあるウール素材の布。目が粗いので、服の形にカットしてニードルでボディに直接刺しつけるだけで仕上がる。

ウール素材の布。スカートやズボンなどの生地として使うことが多い。使用量は少ないので、できるだけ素材のよいものを選ぶとよい。

麻の生地。涼しげな夏服には麻を選ぶと雰囲気がよい。

綿素材のジャージー生地。伸縮性があるので、Tシャツなどぴったりしたサイズの洋服も着せやすく、ボディになじむ。

フェルケット

羊毛を薄いシート状にしたもの。少しフェルト化されているので作業が短縮でき、扱いやすい。

革

ブーツにしたり、バッグなどの小物を作って持たせるのに使う。縫いやすい薄めの革を使うのがおすすめ。

小道具のいろいろ

ミニチュアの小物や造花など、市販されているものも上手に利用してみましょう。

◆ 麦わら帽子

ドールの帽子に使用。サイズと少々違っても手に持たせる小道具にも。手芸店で購入。

◆ 造花

手に持たせたり、頭に飾ったりするのに使う。人形サイズの花として利用。手芸店で購入。

◆ ミニチュアのかご

竹細工の和風かごは、紙粘土で作ったリンゴなどを入れてピクニックのシチュエーションなどに。雑貨店で購入。

◆ ミニチュアのバケツ

ブリキ風のバケツは色を塗って人形の小物に。園芸店にて購入。

◆ 小枝

釣り竿や虫取り網に加工して使う。手ごろな太さ、長さのものを選ぶ。

◆ ラッピング小物

針金でできたラッピンググッズを輪にして人魚の髪飾りに利用。

◆ ブリキ小物

シチュエーションを作ってくれるブリキ小物。雰囲気に合わせて色をつけて使う。園芸店で購入。

◆ カバン

ドール用の服飾小物。専門ドール店で購入。

◆ チャーム

アクセサリー用のチャームをドール小物に。手芸店で購入。

✦ アレンジレッスン2 ✦
髪型バリエーション

同じ髪型でも毛糸の色や太さ、素材で雰囲気がずいぶん変わります。
毛糸のよりをほどいて使うことも多いので、作り方と合わせて確認しましょう。

使用した毛糸と使い方

a.
【純毛中細(33)】
4本のよりをほどいて使用。

b.
【ソノモノツィード(73)】
3本のよりをほどいて使用。

c.
【ツィードバザール(6)】
2本のよりをほどいて使用。

d.
【エトフ(3)】
よりはないのでそのまま使用。

ボブヘア

基本の女の子と同様に頭全体に毛糸を刺しつけ、ハサミで好みの長さにカットする。

a.
金髪のようなやわらかいヘアをワンレングスのボブに。

b.
眉上に切りそろえた前髪がかわいいおかっぱヘア。

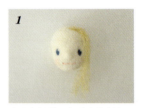
1
よりをほどいた毛糸を刺しつける。

2
頭全体に刺しつけたところ。前髪はさらに刺しつけて作る。

ロングヘア

ボブヘアと同様に頭全体に毛糸を刺しつけ、ハサミで好みの長さにカットする。

a.
少し目にかかる程度に毛糸を刺しつけたニュアンスのあるロングヘア。

b.
左のワンレングスのロングヘアの毛糸違い。

c.
ネップのニュアンスがある毛糸で両サイドに三つ編みをしたヘアスタイル。
※これのみツィードバザール(13)

三つ編み

ロングヘアにしてから三つ編みを編む。

a.
ふんわりと編んだ三つ編みのスタイル。毛先の長さは好みで調整しても。

シニヨン

おだんごにまとめるときは、
毛先の流れを意識して毛糸を刺しつける。

 *b.*
ボリュームのあるシニヨンスタイル。

 *a.*
毛糸を上から刺して落ち着かせたタイトなスタイル。

逆毛ヘア

毛糸束の中心を刺しつけ、毛先が立つようにする。

 *c.*
ボリュームのあるもじゃもじゃヘア。

 *d.*
やわらかい毛糸は毛先が立つように短めに。

1 毛先が後頭部に向かうように刺しつける。

2 頭全体に刺しつけたら、毛糸でひとまとめにする。

1 毛糸の中心を刺しつける。

2 頭頂部を刺しつけているところ。

3 シニヨンのボリュームを調整して、余分な毛糸をカットする。

4 刺しつけながら丸くまとめ、リボンをつける。

3 頭のサイドも同様に刺しつける。

4 好みのボリュームまで刺しつけたら、好みのスタイルに整える。

ショート

短くカットするのではなく、毛先を折り込みながら整える。

 *d.*
髪が広がらないよう毛糸全体を刺しつけてタイトに。

1 イメージしている長さの倍ぐらいの毛糸を刺しつける。

2 毛糸を内側に折り、上から刺しつける。

ショートミディ

逆毛ヘアのアレンジ。

 *c.*
短くカットし、毛先をいろいろな方向に遊ばせる。

❖ アレンジレッスン3 ❖
ドールの洋服作り

ミシンを使わず手軽に作っています。本書で使用した主な洋服のパターンを紹介します。サイズは実際に作ったドールに合わせて調整してください。

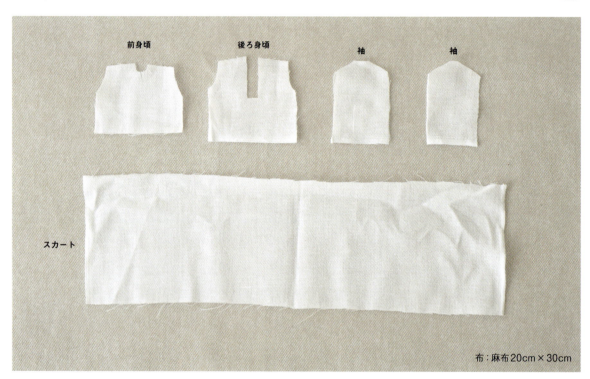

前身頃　後ろ身頃　袖　袖

スカート

布：麻布20cm×30cm

ふんわりワンピース（花の妖精）の作り方

1. 前身頃と後ろ身頃を中表にし、肩を縫い、襟ぐりを人形に合わせながら大きさを調節して縫う。着せながら縫うのでもよい。
2. ドールに着せ、脇を縫い、袖をつける。
3. スカートを後ろ中心を中表に合わせて縫い、表に返してウエストにギャザーを寄せる。
4. ドールに着せ、身頃にスカートを縫いつける。
5. スカートのすそを折り、ギャザーを寄せて絞る。…point

point　すその絞り方

1. すそをぐし縫いし、絞るようにする。

2. すそを絞ってバルーンにしたところ。

POINT 布の重さですそが下がる場合は、ふくらみのちょうどよい位置ですその内側に糸を通してスカートの裏に固定するとよい。

※ずきんの作り方は、あかずきんの作り方（p.62）参照。

布：ウール20cm×30cm、麻布12cm×7cm、綿リボン（5mm幅）30cm、革15cm×5cm、板フェルト4cm×3cm

エプロン付きワンピースの作り方（あかずきん）の作り方

1. 身頃を中表にし、肩と脇を縫う。
2. 身頃を表に返してドールに着せ、袖をつける。
3. スカートを中表にし、脇を縫う。
4. スカートを表に返し、ウエストを内側に折りギャザーを寄せる。
5. ドールに着せ、身頃にスカートを縫いつける。
6. エプロン用の麻布の布端を始末し、リボンを重ねて縫う。…point

※ブーツはウサギのブーツ（p.43）と同様に作る。

point　エプロンの作り方

エプロンのウエスト側は少しギャザーを寄せてから、リボンを縫いつける。

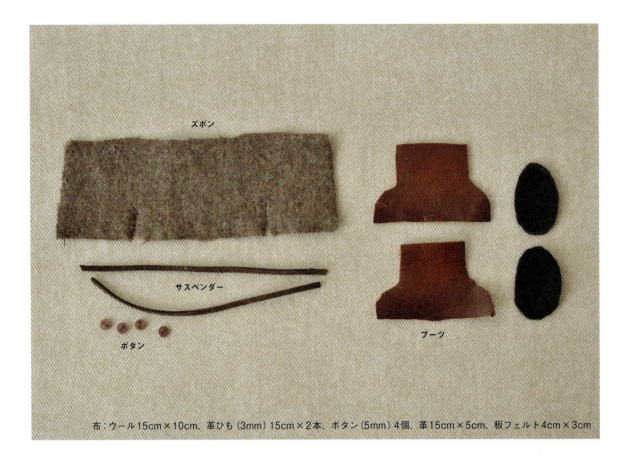

布：ウール15cm×10cm、革ひも（3mm）15cm×2本、ボタン（5mm）4個、革15cm×5cm、板フェルト4cm×3cm

サスペンダー付きハーフパンツ（ウサギ）の作り方

1. ハーフパンツはボディぴったりになるよう、布を直接当ててから裁断する。
2. 股部分に切り込みを入れる。
3. 中表に折り、脇を縫う。表に返しウエストを内側に折り始末する。
4. ドールにはかせ、すそを内側に折る。
5. ニードルで上からボディに刺しつけ、サイズを調整する。
6. 革ひもでサスペンダーをつける。
　…point

point　サスペンダーのつけ方

革ひもをパンツに縫いつける。

ボタンを革ひもの上に縫いつける。

後ろで交差させて同様に縫いつける。

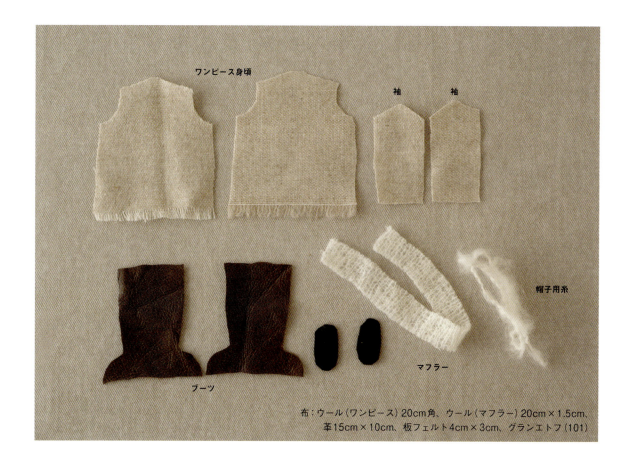

布：ウール（ワンピース）20cm角、ウール（マフラー）20cm×1.5cm、革15cm×10cm、板フェルト4cm×3cm、グランエトフ（101）

ワンピース（冬の女の子）の作り方

1 ワンピースの身頃を中表にし、肩と脇を縫う。
2 ワンピースを表に返してドールに着せ、袖をつける。
3 帽子をグランエトフ（101）で編む（p.53）。頭にかぶせ、ニードルで刺しつけてフィットさせる。
4 マフラーの両端にグランエトフ（101）を刺しつけ、フリンジを作る。
※ブーツはウサギのブーツ（p.43）と同様に作る。

point

布端のほつれをワンピースのフリンジに見立てたデザイン。

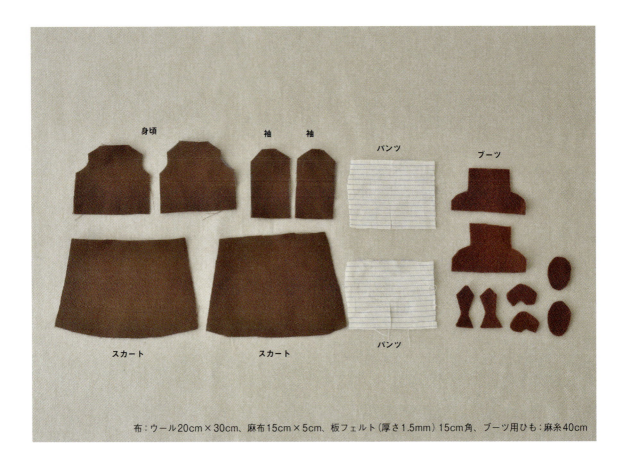

布：ウール20cm×30cm、麻布15cm×5cm、板フェルト(厚さ1.5mm)15cm角、ブーツ用ひも：麻糸40cm

ワンピース（ぬいぐるみを抱いた女の子）の作り方

1 身頃を中表にし、肩と脇を縫う。
2 身頃を表に返してドールに着せ、袖をつける。
3 スカートを中表にし、脇を縫う。
4 スカートを表に返し、ウエストを内側に折りギャザーを寄せる。
5 ドールに着せ、身頃にスカートを縫いつける。
6 パンツを中表にし、脇と股部分を縫う。
7 表に返し、ドールにはかせ、パンツのすそをギャザーを寄せて絞る。
8 ブーツを作る。
※**基本レッスン1 step5** 洋服を作る にもプロセスを紹介しています。

基本レッスン1 では板フェルトで制作していますが、薄手の裏革で作るのもおすすめ。

洋服小物

手作りのニット小物でコーディネートするのもおすすめです。
糸の太さでもサイズが変わりますが、編み図を参考にしてみてください。

◆ニット帽

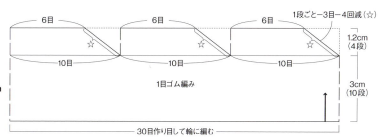

材料・道具

編み糸▶ソノモノ合太…3g / **竹串**…4本
（または、短い4本棒針0号）/ **とじ針**

手順

1. 指で作る作り目の方法で30目作り目をして輪にし、1目ゴム編みを9段編む。
2. 減らし目をしながら、1目ゴム編みを4段編む。
3. 残った目に糸端を通して絞り、とじ針で糸の始末をする。
4. ポンポンを作り、頭頂部につける。…point

point ポンポンの作り方

①2.5cm幅の厚紙に、毛糸を100回ほど巻く。

②厚紙を外して中央を別糸できつく縛り、両側の輪をカット。中央を結んだ糸は残したまま、形を丸く整える。

◆マフラー

幅2.5cm、長さ23cm

材料・道具

編み糸▶純毛中細…3g / **竹串**…2本（または、短い2本棒針0号）/ **かぎ針3/0号**

手順

1. 指で作る作り目の方法で11目作り目をする。
2. 1目ゴム編みで81段編み、伏せ止めをする。
3. 両端にフリンジをつける。…point

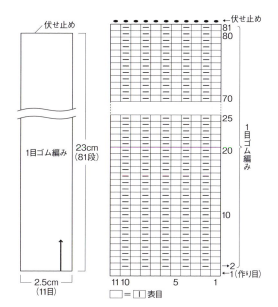

point フリンジのつけ方

4cmの別糸を二つ折りにして、輪をマフラーの端の編み目に通す。糸端を輪に通し、糸を絞る。

◆ アレンジレッスン4 ◆
小物を手作りする

ドールに持たせる小物を手作りしてみましょう。
作品に合わせて小物のサイズも自由にできておすすめです。

羊毛で作る小物

クマ側のラベル:
- ボタンを縫いつける
- ソリッド（41）
- ナチュラルブレンド（801）
- 革ひもでリボンを結ぶ
- フェルケット ナチュラルミックス（405）

ウサギ側のラベル:
- ボタンを縫いつける
- ソリッド（41）
- ナチュラルブレンド（801）
- リボンを結ぶ
- フェルケット ソリッド（309）

◆ クマのぬいぐるみ

手順

1. ニードルわたわたで頭、ボディ、手足、耳のベースを作る。
2. フェルケットで表面に色を刺しつける。
3. 目と口周りを羊毛で刺しつけ、目にボタンを縫いつける。
4. 各パーツを縫い合わせる。

◆ ウサギのぬいぐるみ

手順

1. ニードルわたわたで頭、ボディ、手足のベースを作る。
2. フェルケットで表面に色を刺しつける。耳をフェルケットで作り、頭に刺しつける。
3. 目と口周りを羊毛で刺しつけ、目にボタンを縫いつける。
4. 各パーツを縫い合わせる。

◆ トリ

🌰 手順

1. ニードルわたわたでベースを作る。フェルケットを水フェルト加工し、羽根2枚と尾羽をカットする。
2. フェルケットでベースの表面に色を刺しつける。羽根と尾羽を刺しつける。
3. 目を羊毛で刺しつけ、くちばしを作って刺しつける。

参考作品

ソリッド (41)
ナチュラルブレンド (801)
ソリッド (109)
フェルケット ソリッド (315)

1
尾羽
ベース
羽根

◆ 帽子とマフラー

🌰 手順

1. 帽子はフェルケットを長方形にカットし、輪にして帽子の形になるよう整え、ニードルで刺し固める。
2. マフラーはフェルケットを細長くカットし、ニードルで刺し固める。毛糸を適当にカットし、マフラーの両端に刺しつけてフリンジにする。

1

すそを折り返し厚みを作る。裏からも刺すとよい。

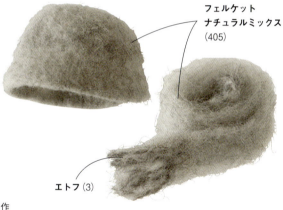

フェルケット ナチュラルミックス (405)
エトフ (3)

フェルケット ソリッド (319)
クレヨンカラー (835)
フェルケット ソリッド (313)
ミックス (201)
ソリッド (41)
ソリッド (34)
フェルケット ナチュラルミックス (403)

◆ 果物とパン

🌰 手順

1. ニードルわたわたでベースを作る。
2. フェルケットで表面に色を刺しつける。
3. さらに羊毛を重ねてところどころに刺しつけ、色を足す。
4. リンゴと洋ナシは、麻糸をボンドで固めたものや小枝などをキリであけた穴にボンドでつけ、芯にする。

羊毛以外の材料で作る小物

◆本

1
革と布を好きなサイズでカットする。

2
英字スタンプを押し、布の中央を縫い、革の表紙にボンドで貼る。

◆メガネ

1
ワイヤーをえんぴつなど丸いものに巻きつけてレンズ部分を作る。

2
ペンチでフレームを曲げ、ツル部分を曲げる。レンズの二重部分の上下はお好みで。

◆リンゴ

1
紙粘土をリンゴの形に成形し、赤い絵の具で塗る。

2
麻糸をボンドで固めたものや小枝を芯にしてボンドでつける。

◆かご

側面と底、持ち手のパーツに革をカットする。側面を輪にして縫い、底面と縫い合わせる。持ち手を縫いつける。

Recipe for making dolls
作品の作り方

4〜15ページの作品の作り方を紹介します。
基本的な作り方を基本レッスン（p.23〜）で
確認しておきましょう。
顔とボディのバランス、サイズは
作りながら調整してください。

道具については24ページを参照してください。
表示されている分量は目安です。羊毛はフェルト化の加減によって不足する場合があります。

花の妖精 *p.4*

髪の毛は毛糸を数色混ぜ、ほお、目の色の羊毛は発色のよいものにして
華やかな印象になるようにしています。洋服で使用した麻布は伸びないので、
ぴったりフィットするよう着せながら縫いました。

サイズ…全長 *18cm*

材料

ベースの羊毛▶ニードルわたわた（310）
頭…7g、ボディ…13g
目の羊毛▶ソリッド（39）／**ナチュラル
ブレンド**（801）、（825）…各少量
口の羊毛▶ソリッド（36）、（47）…各少量
ほおの羊毛▶ソリッド（2）、（36）、（37）
を混ぜて使用
ボディ芯材▶自遊自在 3.2mm…約
36cm、2mm…約15cm
**ボディベース用の毛糸▶ソノモノ アル
パカウール** 並太（61）
指用芯材▶ステンレス針金 0.28mm…
約50cm
指用の毛糸▶ソノモノ 合太…（1）
髪▶純毛 中細（23）／**アルパカウール**
並太（65）／**ツィードバザール**（6）
羽根▶ステンレス針金 0.5mm…約
30cm／**フェルケット ソリッド**（305）
…7cm×15cm
洋服▶p.48参照
その他▶ハマナカプチフラワー バラ

道具

p.24参照

手順

◆基本レッスン*1* ドールの作り方（p.26〜）を参考に作る。

1 頭を作り、顔を整える。
2 ボディを作る。
3 腕、足を作る。足ははだしなので、「基本の手」の作り方と同様に5本指にする。
4 服を作る（p.48）。
5 羽根を作る。…point
6 羽根を背につける。背中に切り込みを入れて羽根の中心を入れる。ワイヤーを隠すようにニードルわたわたを足して整える。
7 バラを頭に飾り、手にも持たせる。

point 羽根の作り方

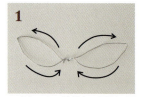

1 ワイヤーを一筆描きの要領で羽根の形にする。

2 フェルケットをワイヤーよりも5mm〜1cmずつ大きくカットする。

3 内側に折り返して刺しとめる。フェルケットをワイヤーに合わせて刺し固める。中心部が透けるように薄くするとよい。

4 背中に切り込みを入れて羽根の中心を入れる。ワイヤーを隠すようにニードルわたわたを足して整える。

【髪】
3種類の毛糸をランダムに混ぜて使用。毛糸はすべてよりをほどいて使う。

【髪飾りの花】
髪飾りの花は、余分なワイヤーをカットして頭に縫いつける。

【手】
ワイヤー指（p.36）を作る。

【足】
つま先は基本の手の要領で、切り込みを入れて5本指に整える。

ポーズの point

首を少しかしげて、指はしっかり曲げて花を固定する。足は少し内また気味にするとかわいい。羽根もまっすぐではなく、羽先を少し曲げるなどして表情をつける。

人魚 *p.6*

腕と足部分を他のドールより長めに作ってあるので、
ポーズに表情をもたせることができます。
ウロコは足先を小さめに、上にいくほど大きくしていくときれいです。

サイズ…座高 *12cm*

材料

ベースの羊毛▶ニードルわたわた (310)
頭…7.5g、ボディ…23g
目の羊毛▶ソリッド (9)、(41)…各少量
／**ナチュラルブレンド** (801)…少量
口の羊毛▶ソリッド (36)、(47)…各少量
ほおの羊毛▶ソリッド (36)、(37) を混ぜて使用
ウロコの羊毛▶フェルケット ソリッド
(303)、(305)、(314)…各15cm×15cm

ボディ芯材▶自遊自在 3.2mm…約75cm、2mm…約17cm
ボディベース用の毛糸▶ソノモノ アルパカウール 並太 (61)
指用芯材▶ステンレス針金 0.28mm…約50cm
指用の毛糸▶ソノモノ 合太 (1)
髪▶ツィードバザール (13)
その他▶髪飾り (p.45)

道具

p.24参照

手順

◆**基本レッスン1 ドールの作り方** (p.26〜) を参考に作る。

1. 頭を作り、顔を整える。
2. ボディを作る。ワイヤーを曲げて下半身のベースを作る。尾ひれ部分は残しておく。…point1
3. 腕を作る。
4. 尾ひれを作り、ウロコを下半身に刺しつける。…point2
5. ポーズをつける。

point1
ボディ芯の曲げ方

1

基本のボディ芯と同様に作り、尾ひれ部分を交差させてねじる。

2

上半身から下半身まで、ニードルわたわたと毛糸を巻く。ここからニードルわたわたで肉づけをする。

point2
尾ひれとウロコの作り方

1

フェルケット3色分を水フェルト化し (p.25)、尾ひれよりひと周り大きくカットする。

2

尾ひれ用のフェルケットをワイヤーをはさむようにして刺しつける。

3

全体をなじませ、尾ひれができたところ。

4

フェルケット3色を水フェルト化し (p.25)、ウロコの形にカットする。

5

尾ひれ側から刺しつける。徐々にウロコの形を大きくしていく。

ポーズのpoint

きれいなラインになるよう肩や腰の角度にも意識しながらポーズをつける。腕はひじを曲げ、ほおづえをつくポーズに。足ひれのラインにも表情をつける。

【手】
ワイヤー指（p.36）を作る。

【髪の毛】
毛糸のよりをほぐして使用。人魚なので毛先は切りそろえずに長さをまちまちにするのがポイント。一部三つ編みをする。

【ウロコ】
尾ひれの近くにつけるウロコは小さめに、上にいくほど大きくしていくとよい。

【髪飾り】
p.45参照

【髪の毛】
ネップのある毛糸を選ぶと、ロングヘアではニュアンスが出る。

61

あかずきんとオオカミ *p.6*

オオカミと対比したときにバランスがよくなるようあかずきんを小さめに作りました。
ずきんはフェルケットを使って作りますが、長さはお好みで。
首までの長さにしてもかわいいです。

サイズ…あかずきん全長*16cm*、オオカミ全長*21cm*

材料

【あかずきん】
ベースの羊毛▶ニードルわたわた (310)
頭…5.5g、ボディ…13g
目の羊毛▶ソリッド (8)、(39)…各少量
／**ナチュラルブレンド** (801)…少量
口の羊毛▶ソリッド (36)、(47)…各少量
ほおの羊毛▶ソリッド (36)、(37)を混ぜ
て使用
ボディ芯材▶自遊自在 3.2mm…約
36cm、2mm…約15cm
**ボディベース用の毛糸▶ソノモノ アル
パカウール** 並太 (61)
髪▶純毛 中細 (33)
ずきん▶フェルケット ソリッド (319)…
17cm×17cm ／ **リボン** 3mm幅・黒…
30cm
かご▶革 厚さ1.5mm…15cm×7cm
洋服▶p.49参照
その他▶リボン 5mm幅・赤…12cm

【オオカミ】
ベースの羊毛▶ニードルわたわた (310)
頭…8.5g、ボディ…17g
ベースに刺しつける羊毛▶ソリッド (41)
…適宜 ／ **ナチュラルブレンド** (801)、
グレー (805)、(806)…適宜
目の羊毛▶ソリッド (8)、(39)…各少量
／**ナチュラルブレンド** (801)…少量
鼻と口の羊毛▶ソリッド (31)…適宜
**耳の羊毛▶フェルケット ナチュラルミッ
クス** (204)、(401)…各10cm×5cm
ボディ芯材▶自遊自在 3.2mm…約
50cm、2mm…約20cm
**ボディベース用の毛糸▶ソノモノ アル
パカウール** 並太 (61)
指用芯材▶ステンレス針金 0.9mm…約
50cm
指用の毛糸▶ツィードバザール (6)
洋服▶ [上衣用] 麻布…20cm×10cm、
[ズボン用] ウール…15cm角、**[サスペ
ンダー用] 革ひも** 3mm…18cm×2本
／ **ボタン** 直径5mm…4個、**[靴用] 革**…
15cm×5cm ／ **フェルト**…4cm×3cm

道具

p.24参照

手順

【あかずきん】
◆**基本レッスン***1* ドールの作り方 (p.26〜)を
参考に作る。
1 頭を作り、顔を整える。
2 ボディを作る。
3 腕、足を作る。
4 服を作る (p.49)。
5 ずきんを作る。…*point*
6 ブーツを作り、革でかごを作って (p.56)
持たせる。

【オオカミ】
◆**基本レッスン***2* 擬人化どうぶつの作り方
(p.40〜)を参考に作る。
1 頭を作り、顔を整える。…*point*
2 ボディを作る。
3 腕(ワイヤー指)、足を作る。
4 服を作る。ブーツを作る。

ポーズの *point*

あかずきんは少し首をかしげてオオカ
ミを見上げるようにし、オオカミは背
中を丸めてあかずきんを見下ろすポー
ズにする。オオカミの手は大きいので
指にも表情をつける。

【髪】
毛糸のよりをほぐして使用。シニヨンを作り(p.47)、リボンを巻く。

【手】
基本の手(p.35)を作る。

【ブーツ】
うさぎのブーツ(p.43)と同様に作る。

point ずきんの作り方

1 フェルケットをカットし、上の両角を落とす。

2 端を1周1cmほど折り返し、刺しつける。

3 フード部分を寄せながら、立体的になるように刺す。

4 ドールに合わせながら、フードのカーブなどを調整する。

5 首周りを少し縮めるように刺す。

6 首の部分にリボンを縫いつける。

【中身】
パンとりんご(p.55)を作って入れる。

【耳】
フェルケット(204)と(401)を水フェルト加工してから耳の形にカットし、(204)に(401)の内耳を刺しつけて耳を作る。

【刺しつける羊毛】
(801)以外の羊毛3種類を混ぜ(A色)、鼻と口をつけたベース(point参照)に刺しつける。

A色をふわふわのまま顔の横に刺しつける。

ソリッド(31)

ナチュラルブレンド(801)

【サスペンダー】
p.50参照。

【手】
ワイヤー指(p.36)を少し大きめに作る。

【長ズボン】
ウサギのハーフパンツ(p.50)を参考にして長ズボンを作る。ぴったりサイズに作るので、ドールに布を当てて仮どめしてから縫い合わせる。だぶつく箇所はニードルで刺して足に密着させる。

【ブーツ】
うさぎのブーツ(p.43)と同様に作る。

point 頭の作り方

ニードルわたわた8.5gで卵形より鼻先をのばした形に刺し固める。(31)で鼻の形に刺しつけ、口のラインをニードルでくぼみをつけてから、(31)で色を刺しつける。

読書の時間 *p.10*

2体をセットとして作るときは、大きさのバランスも大切。
ボディ芯を作るときから2体の大きさを意識しながら作業するようにします。

サイズ…男の子全長*15.5cm*、ウサギ（耳まで）全長*16.5cm*

材料

【男の子】
ベースの羊毛▶ニードルわたわた (310) 頭…6.5g、ボディ…13g
目の羊毛▶ソリッド(30)、(34)…各少量／ナチュラルブレンド(801)…少量
口の羊毛▶ソリッド(36)、(47)…各少量
ほおの羊毛▶ソリッド(36)、(37)を混ぜて使用
ボディ芯材▶自遊自在 3.2mm…約36cm、2mm…約15cm
ボディベース用の毛糸▶ソノモノ アルパカウール 並太(61)
指用芯材▶ステンレス針金 0.28mm…約50cm
指用の毛糸▶ソノモノ 合太(1)
髪▶ソノモノ アルパカウール 並太(63)
洋服▶[上衣用] 麻布…20cm×10cm、[ズボン用] ウール…15cm×10cm、[靴用] 革…15cm×5cm／フェルト…4cm×3cm
本▶p.56参照

【ウサギ】
ベースの羊毛▶ニードルわたわた (310) 頭…6g、ボディ…11.5g
ベースに刺しつける羊毛▶ナチュラルブレンド(805)
耳▶フェルケット ソリッド(316)、ナチュラルミックス(205)…各10cm角／羊毛 ソリッド(9)
目の羊毛▶ソリッド(8)…少量／ナチュラルブレンド(801)、(825)…各少量
鼻と口の羊毛▶ソリッド(41)
ほおの羊毛▶ソリッド(36)
ボディ芯材▶自遊自在 3.2mm…約36cm、2mm…約15cm
ボディベース用の毛糸▶ソノモノ アルパカウール 並太(61)
洋服▶p.50参照

道具

p.24参照

手順

【男の子】
◆基本レッスン*1* ドールの作り方(p.26～)を参考に作る。
1 頭を作り、顔を整える。
2 ボディを作る。
3 腕、足を作る。
4 服を作る。ブーツを作る。
5 メガネ(p.56)と本(p.56)を作って持たせる。

【ウサギ】
◆基本レッスン*2* 擬人化どうぶつの作り方(p.40～)を参考に作る。
1 頭を作り、顔を整える。
2 ボディを作る。
3 腕、足を作る。
4 サスペンダー付きハーフパンツ(p.50)とブーツを作る。
5 メガネ(p.56)と本(p.56)を作って持たせる。

【髪の毛】
毛糸のよりをほぐして使用。ショート（p.47）に整える。

【化粧】
男の子でも血色よくするためにチーク（p.32）をしっかり入れても。

【洋服】
上着はぬいぐるみを抱いた女の子の身頃を参照し（p.38、52）、ズボンはウサギのハーフパンツ（p.50）を参考にして作る。布地によって袖ぐりの縫い目が気になる場合は、袖を先につけてから身頃を作るとよい。

【手】
ワイヤー指（p.36）を作る。

【ブーツ】
うさぎのブーツ（p.43）と同様に作る。薄手の人工スウェード生地は縫いやすくおすすめ。

【耳】
耳の先に濃いめの羊毛、ソリッド(9)を刺しつける。

【手】
基本の手の途中、「ミトン手」(p.35)を作る。

【足】
男の子とバランスをとるため、足を短かめに作る。

 ポーズの *point*

男の子は少し首をかしげて本を読んでいるように調整する。ウサギは足を開き気味にし、おなかを少し突き出すようにする。

冬の女の子 *p.12*

少しお姉さんに作りたかったので、手足を長めにし、
頭が体に対して少し小さくなるようにしました。

サイズ…全長20cm

材料

ベースの羊毛▶ニードルわたわた
(310) 頭…7g、ボディ…15g
目の羊毛▶ソリッド(30)、(34)…各少
量／ナチュラルブレンド(801)…少量
口の羊毛▶ソリッド(36)、(47)…各少
量
ほおの羊毛▶ソリッド(36)、(37)を混ぜ
て使用
ボディ芯材▶自遊自在 3.2mm…約
38cm、2mm…約15cm
ボディベース用の毛糸▶ソノモノ アル
パカウール 並太(61)

指用芯材▶ステンレス針金0.28mm…
約50cm
指用の毛糸▶ソノモノ 合太(1)
髪▶純毛 中細(33)
洋服▶p.51参照
タイツ▶フェルケット ナチュラルミックス(205) 10cm角
帽子▶グランエトフ(101)
マフラー▶ウール…20cm×1.5cm、
グランエトフ(101)

道具

p.24参照

手順

◆**基本レッスン1**ドールの作り方(p.26〜)を
参考に作る。
1 頭を作り、顔を整える。
2 ボディを作る。
3 腕、足を作る。
4 服とマフラーを作る(p.51)。
5 タイツを刺しつけ、ブーツを作る。
6 帽子を作る(p.53)。
7 バッグを作り、本を持たせる(p.56)。
　…*point*

point | バッグの作り方

側面と底、持ち手(2本)のパーツに革をカットする。側面をわにして縫い、底面と縫い合わせる。持ち手を縫いつける。

【帽子】
ハマナカ グランエトフ（101）で帽子を編む（p.53を参考に13段編む。増減なしで11段編み、12、13段で1段ごとに3目を2回減らす）。ニードルで刺しつけ、頭のサイズに合わせて整える。

【髪】
毛糸のよりをほぐして使用。前髪ありのボブヘア（p.46）を作る。

【手】
ワイヤー指（p.36）を作る。

【マフラー】
ウール地をカットし、両端にハマナカグランエトフ（101）を刺しつけ、フリンジを作る。

 ポーズの point

背すじを伸ばしてしっかり立っているイメージで調整する。片手で本を持たせるので、指をしっかり曲げて本を固定する。

【足】
フェルケットを刺しつけ、タイツをはかせてから、ブーツを作る（p.43）。

ぬいぐるみを抱いた女の子 *p.14*

基本のドールなのでシンプルに作っています。
そのぶん、顔が目立ってきます。うんとお好みにかわいく作ってください。

サイズ…全長18cm

【髪飾り】
リボンを結んで、髪に縫いつける。

🧵 材料

ベースの羊毛▶ニードルわたわた(310) 頭…6.5g、ボディ…15g
目の羊毛▶ソリッド(8)…少量 / **ナチュラルブレンド**(801)、(825)…各少量
口の羊毛▶ソリッド(36)、(47)…各少量
ほおの羊毛▶ソリッド(36)、(37)を混ぜて使用
ボディ芯材▶自遊自在 3.2mm…約36cm、2mm…約15cm
ボディベース用の毛糸▶ソノモノ アルパカウール 並太(61)
髪▶エトフ(3)
その他▶リボン 5mm・緑…適宜
洋服▶p.52参照

🧵 道具

p.24参照

🧵 手順

◆**基本レッスン1** ドールの作り方(p.26〜)を参考に作る。
1 頭を作り、顔を整える。
2 ボディを作る。
3 腕、足を作る。
4 服を作る(p.52)。
5 ぬいぐるみを作って(p.54)持たせる。

ポーズのpoint
ぬいぐるみは正面抱き、横抱き、ぶらさげるなど好きな抱え方で。抱えたところでポーズを調整する。

SPECIAL PAGE

Doll Collection

13人の作家たちから生まれた素敵なドールを紹介。
人形でもさまざまなスタイルや
雰囲気があることがわかります。
オリジナル作りの参考になる「作り方のpoint」も
合わせて紹介していますので参考にして。

72～79ページに掲載の作品は、ハマナカ株式会社が公募した『羊毛フェルトマスコットのCOLLECTION』のドール部門において優秀作品として選ばれたものです。作り方は紹介しておりませんのでご了承ください。
※掲載した情報は2012年11月時点のものです

Doll Collection

作品名：ジャスミン
作家：おがわゆきえ
handmade felt mow
http://2010mow.blog.fc2.com/

comment: 大好きな映画「バグダッド・カフェ」の主人公であるジャスミンをイメージして作りました。

❖ 作り方のpoint

テクノロートを芯材にしてニードルわたわたでベースを作っています。肌の色はソリッドの白（1）とナチュラルブレンドのベージュ（802）を混ぜたものをのせています。顔は自然な感じを表現するために、羊毛を何色か混ぜたり、立体感が出るようグラデーションを意識して刺しつけたりして作りました。

作り方のpoint

顔やボディはニードルわたわたで作っています。下半身はしなやかさを出すため、羊毛をさまざまな色でシート状に成形して袋にし、ペレットを入れました。シートは裏面から別色の羊毛を刺し、地色と混色させてぼかしの効果を出しました。

作品名：**Luna（ルナ）**
〜月影の人魚
作家：misato
comment: 羊毛フェルトのやわらかな肌感でリアルな人形を作りたいと思いました。大人の手前の少女のイメージの人魚です。

作り方のpoint

顔は丸くまとめてから、目や鼻、口、ほおの位置に点や線を書き込んでガイドにするのがポイントです。ガイドに合わせて羊毛を足したり、へこみができるよう刺し固めます。ワンピースは胴体につけてから、腕をつけています。羊毛の人形は洋服を仕立ててから着せると毛羽立つので、パーツごとに布をまとわせて組み立てます。

作品名：**小鳥と女の子**
作家：naco*(miminaco*lapin)
miminaco lapin はんどめいど便り
http://miminacolapin.blog41.fc2.com/
comment: 物語のワンシーンを思わせる作品作りを心がけています。私自身が大切にしている白文鳥を登場させたかったので制作しました。水彩画のような淡い感じが好きなので、作品もそのように感じてもらえればうれしいです。

Doll Collection

作品名：クマの着ぐるみと
ヒコウキ遊び

作家：midori iro
ミドリ日記
http://midori0524.exblog.jp/

comment: 羊毛の風合いを大切にするため接着剤を使用しないのがこだわりです。手足が曲がり、自立します。

❖ 作り方のpoint

表情を出すためにいくつかコツがあります。目は、まず両目から耳までの横のラインを刺してくぼみをつけてから、次に目のくぼみを刺して色を刺しつけています。口は両サイドにえくぼを作ってから、口のラインを刺すと表情が出ます。かかとをしっかり作ると自立ができます。頭は大きめのバランスにするとかわいいです。ただ、頭が重くなるので胴とつなげるときは縫い合わせ、縫い目をニードルで刺しつけてなじませています。

作品名：**森へおかえり**
作家：**rai＊chi**
羊毛フェルト＊ひつじといっしょ
http://marugotohituji.blog55.fc2.com/

comment: 小鳥を森に帰すイメージで作りました。人形はどこか怖さも併せ持っていると思うので、できるだけ素直にかわいいと思える人形をと思って作りました。デフォルメした頭部の大きな人形なので、扁平な顔にならないよう工夫しています。

作り方のpoint

ワイヤーとニードルわたわたで作ったボディのベースに、肌色の色づけにナチュラルブレンド（811）を刺しつけて作りました。顔が立体的になるように肌色の量を細かく調整しながら部分ごとにのせて刺しています。手はワイヤー5本で作ります。5本のワイヤーに指先部分だけ羊毛を巻いて刺しつけておき、指の長さを調整してワイヤーを束ねて腕にします。腕のポーズに合わせて羊毛で肉づけしました。洋服は羊毛を水フェルト加工してシート状にし、スカートを作りました。羊毛と布のコンビで優しい印象になるようにしました。

作品名：**タカラモノ**
作家：**ゆかり**
羊毛フェルトと私
http://blog.livedoor.jp/morinotamago/

comment: 我が子をモデルに作ってみました。しもぶくれの顔を強調しすぎて顔がパンパンですが、いい表情になりました。いつもこの笑顔でみんなを癒してくれます♪

作り方のpoint

ナチュラルのシロップシャー（302）をベースに使い、すべて羊毛で作っています。ほおをふっくらさせたり、肩や背中も丸みを出したりするなど、幼児独特のやわらかさを表現しました。とくに、しもぶくれのほおを意識して作るのがポイント。手や足の曲げ方も丸みを感じられるよう気をつけて刺しています。

Doll Collection

作品名：**共に生きよう**
作家：**WOOLWOOL つがね かな**
WOOLWOOL 羊毛フェルトの世界
http://woolwool.web.fc2.com/

comment: 北海道では市内に熊が入ってくると殺されてしまいます。みんなで仲良く住むことはできないのでしょうか。もしこの作品のように熊と人間が仲良くできたなら……。

作り方の*point*

顔は肉づきを意識して作りました。全体的なバランスを三等身になるように頭を大きく作り、子どもらしさを出しています。頭を少し大きくすることで作品としてもかわいらしく仕上がりました。

作品名：**雪？**
作家：鶴田奈美
手作り雑貨「ちくちく。chic chic.」
http://www.chicchic-felt.com/

comment: 「雪が降ってきたのかな？」と空を見上げる男の子。手のひらにはひとひらの雪。手袋や服についた雪の結晶はスパンコールで表現しました。

作り方の*point*

肌はニードルわたわたのベースに肌色の羊毛を刺しつけています。ボディ芯はフラワーワイヤー18番二つ折りを使用し、ニードルわたわたをきつく巻くのがポイントです。ワイヤーだけでも自立するように左右のバランスをとるのも大切。靴を粘土で制作するので、それがおもりとなって安定し、自立しやすくなります。

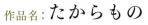

作品名：**たからもの**
作家：Irico
Schatz aus Wolle
http://atelierkiki.blog89.fc2.com/

comment: お気に入りのうさぎスーツを着た男の子。そら色とたんぽぽ色の風船は彼のたからものなのです。佇んでいる姿を見るだけでものがたりが聞こえてくるような、そんなドールを目指して作りました。

作り方の*point*

口元には奥行きがでるよう少量の赤系の羊毛を埋め込むようにしています。うさぎスーツは、カラースカードのカールを生かすように刺しつけてもこもこ感を出しました。フードのところは、着脱できるようにフェルトを縫い合わせてベースを作り、カラースカードを刺しつけています。

Doll Collection

作品名:早く行こうよ！

作家:たきなみよしこ

たっきードールスタジオ
http://ameblo.jp/takinamix/

comment: 今日はオクトーバーフェスタ、お祭りの衣装を着た男の子は待ちきれなくてじっとしていられません。木馬に乗って走っていきそうです。

作り方のpoint

ニードルわたわたでベースを作り、フェルケットで肌色をのせています。子どもらしいあどけなさが出るように額を広くし、ほおをふっくらさせました。さし目は深く刺し込み、目頭と目尻を作って瞳の表情が出るよう工夫しています。ほおと唇はほんのりピンクに、鼻腔や唇のラインが強くなりすぎないよう気をつけて刺しています。

作品名:黒猫を抱く ロシアのおばあさん

作家:かを@@

私のお気に入りー羊毛フェルト・雑貨ー
http://sheepkao.blog99.fc2.com/

comment: マトリョーシカの原型となったバブーシュカをかぶったロシアのおばあさん。ひざの上で寝ている黒猫を見てにっこり微笑んでいます。

作り方のpoint

羊毛フェルトと刺しゅう糸の相性のよさを生かすためにバブーシュカにていねいにステッチを施しました。にっこり笑った表情にするときは、ほおの盛り上がりを強調するように作ります。口元はニードルでていねいに筋をつけるように強めに刺し固めました。ロシアのおばあさんなので、目鼻立ちのしっかりした顔になるよう鼻にも羊毛をたくさん足しています。

作品名：**春の子ら**
作家：**毛野宇沙子**
Felting lover
http://feltlove.blog.so-net.ne.jp

comment: 春をイメージした花びらのような服を着た女の子たちです。フェルトならではの曲線的なフォルムや混色を楽しんで作りました。

作り方のpoint

自立できるように針金をつま先からかかとのラインまで入れて足裏を平らにかたく刺しています。ポーズを変えて遊びたかったので、すねや腰に板おもりを入れて重心を下げ安定感を増しました。手はテクノロートに肌色の羊毛を巻いて指を作り、束ねて形を整えています。衣装は水フェルト加工でシート状にしてから刺しつけました。羊毛だけで色んな立体的な布も作れるのがおもしろいです。

作品名：**夢の国へ迷い込んだロレッタ**
作家：**mille**
feutre-mille〜羊毛フェルト日記
http://ameblo.jp/feutre-mille/

comment: さあ、ロレッタと夢の国へ……。うさぎの帽子は夢の国の皆と仲良くなれるから。なぜかしら？ 皆、私を妖精さんって呼ぶの。

作り方のpoint

羊毛で広がりがちな髪を簡単にかわいくアレンジできるよう帽子と三つ編みで工夫しました。顔はかたく刺し固める前に、しっかりと凸凹をつけて女の子らしいふっくらしたほおにし、目や口はメイクをするような感覚でていねいに作りました。まつげはつけまつげを使用しています。大きなリボンはフェルケット、靴のポンポンはカラースカードを使用するなど「簡単かわいい」を詰め込みました。

著者

ウエノミホコ

二本足で立つウサギや、童話をモチーフにした人形を中心に羊毛で人形を制作。手に取った方が楽しい気持ちになれるような人形作りをめざしている。羊毛人形を使ったコマ撮り動画などを試作中。東京を中心に委託販売やイベント出店を行なう。

https://sheeps.work/

staff

写真 三好宣弘（STUDIO60）
スタイリング 岩﨑牧子
デザイン いわながさとこ
作り方解説（p.53） 高井法子
作り方イラスト 株式会社ウエイド
編集 村松千絵（Cre-Sea）

材料提供

ハマナカ株式会社
http://www.hamanaka.co.jp
京都本社
〒616-8585 京都市右京区花園藪ノ下町2-3
TEL.075-463-5151

羊毛で作る
はじめての可愛いドール

2012年11月30日　初版発行
2019年 2月 18日　新装版初版印刷
2019年 2月 28日　新装版初版発行

著　者　　ウエノミホコ
発行者　　小野寺優
発行所　　株式会社河出書房新社
　　　　　〒151-0051 東京都渋谷区千駄ヶ谷2-32-2
　　　　　電話　03-3404-1201（営業）／ 03-3404-8611（編集）
　　　　　https://www.kawade.co.jp/
印刷・製本　三松堂株式会社

Printed in Japan
ISBN978-4-309-28720-1

落丁本・乱丁本はお取り替えいたします。
本書のコピー、スキャン、デジタル化等の無断複製は著作権法上での例外を除き禁じられています。本書を代行業者等の第三者に依頼してスキャンやデジタル化することは、いかなる場合も著作権法違反となります。

本書の内容に関するお問い合わせは、お手紙かメール（jitsuyou@kawade.co.jp）にて承ります。恐縮ですが、お電話でのお問い合わせはご遠慮くださいますようお願いいたします。

本書に掲載されている作品及びそのデザインの無断利用は、個人的に楽しむ場合を除き、著作権法で禁じられています。本書の全部または一部（掲載作品の画像やその作り方図等）をホームページに掲載したり、店頭、ネットショップ等で配布、販売したりする場合には、著作権者の許可が必要です。

＊本書は2012年11月小社刊『羊毛で作るはじめての可愛いドール』を新装したものです。